San Agustín de Erlandson

Tabla de contenido

Introducción

Recomendación

Novena

Oraciones familiares

Oraciones para los migrantes

Introducción

En este mini- libro encontraras la novena, tambien oraciones familiares para la protección y la consagracion de tu familia hacia el amado caballero y santo san Agustín de erlandson, al final oraciones para las personas migrantes que deseen encomendarse a tan noble santo.

Recomendación

Se recomienda asistir periódicamente a la santa eucaristía, cumplir con los mandamientos, analizar diariamente nuestros actos y acciones, al mismo tiempo en cumplir con el mandamiento de la confesión y realizar obras benéficas.

Novena

1- Persignación
2- El credo
3- El yo confieso

Oración para todos los días

Bendito san Agustín de erlandson tu hombre de intachable imagen que renunciaste a una vida cómoda para servirle al creador con el arduo trabajo de predicar su palabra, sus mandamientos y servirle al prójimo que más lo necesitaba, hoy vengo a ti a suplicante para que me ayudes en mi existencia para que apartes de mí toda tela oscura que no me deja avanzar en espíritu, te suplico que intercedas por mi ante el creador para alcanzar el perdón de mis culpas, mientras yo me comprometo a luchar para ser fuerte en las tentaciones y no volver a ofender a Dios supremo, te pido que limpies mi corazón y lo restaures para que germine la semilla que el espíritu santo siembre en mi con tu llegada, amado san Agustín de erlandson te pido que apadrines mis caminos y me ayudes en las batallas espirituales para que en mí no se derribe las bendiciones que el altísimo tiene para mi existencia, os pido san Agustín de erlandson que rompas toda cadena de maldad, de oscuridad, que me lleve a la destrucción espiritual camina conmigo y llévame a mejorar mi sabiduría para convertirme en un siervo eficiente de Dios como lo fuiste tú en tu transito terrenal. Dos credos.

Día primero

Amado san Agustín de erlandson, gracias por interceder por mi ante el creador para alcanzar el perdón de mis culpas, hoy con humildad en mi corazón y si es tu voluntad te suplico que me ayudes a auto perdonarme por haberme hecho daño ya sea consciente o inconscientemente que encuentre el perdón de aquellos que ofendí y pueda perdonar aquellos que hirieron mi corazón sé que tu intercederás por mí para que el creador tenga misericordia conmigo me perdone y me ayude a renacer de nuevo con una vida llena de amor y felicidad verdadera, te suplico que siempre me acompañes tanto de día como de noche y bendigas todos mis caminos dos credos.

Día segundo

Aclamado san Agustín de erlandson, quiero darte las gracias por traer luz a mi vida, limpiar mi corazón, y ayudarme a luchar para ser digno de Dios, ser un soldado fuerte en todas las batallas espirituales que exige el mundo actual, amado san Agustín de erlandson vengo ante ti para que tu mano santa recorra todo mi cuerpo y la sane de toda enfermedad, que la proteja ante todo mal y peligro, que tus manos sean las que restauren cada célula cada órgano, que junto con la virgen maría bendigan todo medicamento que consumo para que me lleve a una pronta mejoría, te pido santo amado que pueda tener la sabiduría para llevar una vida saludable que me llene de vigor y pueda lograr mis objetivos y metas, según la voluntad de Dios, te pido amado san Agustín que rompas toda cadena de enfermedad, de quebranto que regrese a mí la salud fuerte para que pueda trabajar arduo y honestamente para cumplir con mis obligaciones financieras y ayudar a mis seres queridos al igual que al prójimo que tanto lo necesita amen. Dos salves maría

Día tercero

Amado san Agustín de erlandson gracias por enviar tus rayos de luz a mi vida, le pido al creador que nunca apague tu luz santa y siempre tu alma permanezca bajo su protección, puesto que te lo ganaste por hacer su voluntad y entregar tu vida al prójimo más necesitado a pesar de las críticas de la sociedad, a pesar que tuviste que ser emigrar para proteger tu vida y aun así en medio del peligro no dejaste de luchar por los más necesitados, por los afligidos por los que igual que tu tuvieron que emigrar. Amado san Agustín de erlandson hoy te suplico con mucha fe en ti que así como apadrinas mi vida llegues al corazón de mi familia y siembres en ellos la semilla de Dios para que nazca en ellos espíritus frondosos de inimaginables frutos que ayudan al vigor del espíritu, amado san Agustín de erlandson os suplico que ayudes a expulsar del entorno de mi familia todo espíritu oscuro, todo espíritu destructivo, toda cadena de maldición que viene de generación en generación y podamos ser una familia útil un instrumento de Dios para que en nuestro alrededor podamos ayudar a salir a quienes transitan por el lodo de la oscuridad, para gloria de Dios amen dos padres nuestros.

Día cuarto

Amado san Agustín de erlandson gracias por visitar mi corazón. Por ayudarlo a reconstruirse a tener cada día fortaleza, amado san Agustín de erlandson a ti que te toco predicar la palabra en momentos de tensión y tu vida estuvo comprometida ante nobles y reyes, el rey de reyes el creador de todo lo existente te protegido y logro que fueras exaltado por la eternidad y con gusto el creador permitió que tu alma fuera santa, hoy vengo ante ti a suplicarte que no dejes que en mi vida llegue la ruina, la escases, te pido amado san Agustín que bendigas mi trabajo el medio en que me gano el sustento para vivir, no dejes que a mi mesa llegue la ruina que al contrario siempre tenga el sustento necesario para mi subsistencia y pueda ayudarle al prójimo que más lo necesita por el medio del don de compartir ayúdame a transitar por la oscuridad pero no para caer en tentación sino para dar luz, dar prosperidad, consolar al triste ayudar aquellos que transitan en batalla espiritual, permite que tenga sabiduría para dar buenos concejos, os pido amado san Agustín de erlandson que nunca falte el dinero en mis manos, que nunca falte trabajo, que siempre sea constante fluyente e infinito a mi alrededor no dejes que espíritus de ruina toquen mi puerta al contrario ábreme siempre las puertas de la prosperidad del éxito y de la abundancia. Dos padres nuestros.

Día quinto

Amado san Agustín de erlandson gracias por permanecer conmigo en las dificultades y darme para el futuro recuerdos agradables que fortalecen mi corazón y me hacen ser fuerte para no perder mi fe, mi esperanza en Dios porque con el todo concluye con éxito y sin el nada podemos lograr porque sin dios somos como aquel barco sin puerto y con el siempre lograremos llegar a islas donde fluye leche y mil en abundancia no solo espiritual sino también económica, amado san Agustín no dejes que el enemigo del creador arrebate mi alma y la lleve a la destrucción que al contrario tú seas mi salvador y me lleves al final del camino a gozar de su abrigo eterno. Dos padres nuestros.

Día sexto

Amado santo amado amigo, gracias por enviar tu luz sobre mi corazón limpiándolo para que en el habite el espíritu santo y pueda obrar para que el creador haga de mi un instrumento de su amor para el bien de todo aquel que necesite luz, ayúdame hacer consuelo para el triste, a dar esperanza al que tiene desconsuelo por los dolores que causa el mundo actual amado san Agustín de erlandson te pido que siempre tu luz brille en mi hogar, en mi trabajo, que brille para mi salud, para mi dinero, amado san Agustín de erlandson que toda familia se tome de tu mano como se hace con la madre maría y se reencuentre con el creador, para que toda la humanidad se abrace con el altísimo y se cumpla al fin su voluntad de tener armonía absoluta con su creación. Dos credos

Día séptimo

Amado santo amado san Agustín, gracias por iluminar mi camino, gracias por expulsar de mi lado todo lo oscuro, todo lo maligno y darme la oportunidad de empezar de nuevo abrazado a Dios y refugiado en su inmenso amor, amado san Agustín de erlandson que tu presencia la sienta cuando me tropiece , que tu presencia la sienta cuando inicie toda batalla, que tu presencia la sienta cunado la ansiedad por el futuro me invada, que contigo aprenda a tener confianza en Dios puesto que con el todo lo tengo todo lo puedo, que tu presencia quite de mi las tristezas, que mi fortaleza sea como la de Job fuerte aun en las adversidades que ponen a prueba mi fe mi fortaleza para que no quebrante mi espíritu y tenga la convicción y el aseguramiento que solo Dios puede entregar amen. Dos credos

Día octavo

Querido san Agustín de erlandson, gracias por ser mi amigo, mi hermano, por ayudarme a transitar por los caminos de la vida, por ser mi apoyo y mi padrino espiritual en momentos de quebranto, en ti confió gran amigo, gracias por ayudarme en los momentos más difíciles, donde la desesperanza quiere terminar con la armonía que tengo con el creador, amado san Agustín de erlandson te pido de rodillas que protejas mi casa, mi trabajo que día a día pueda avanzar para empezar mi propio negocio, gracias amado san Agustín porque eres aquel faro que me guía, que le da sabiduría a mi mente para poder resolver toda dificultad, el amigo que me da vigor para poder escalar todo muro que impide llegar a la meta que el creador tiene para mi amen. Dos credos

Día noveno

Amado san Agustín de erlandson vengo con mi cabeza inclinada y con mi corazón lleno de humildad confiado en ti en que me ayudaras a superar este problema (decir tu inconveniente) sé que tus manos me ayudaran con pronta solución o me enviaras al lugar donde puedo solucionar el inconveniente o me llevaras hacia la persona que me ayudara o me susurraras sabiduría para solucionarlo de la mejor manera en ti confió, sé que regresara la tranquilidad y con ella podre cumplir con los objetivos trazados en mi vida según la voluntad del altísimo dos padres nuestros

Oraciones de familiares

Oración para toda la familia

Santo ángel, santo hombre de intachable imagen, tu que diste ejemplo de cómo seguir a nuestro señor y de cómo amar a nuestros semejantes como así mismos, gracias porque nos enseñas de como desprendernos de los egos, de las vanidades, lo cual nos fortalece en espíritu y nos hace cada día más dignos del creador, hoy amigo mío y agradecido porque escuchas mis plegarias vengo a ti a suplicarte por mi familia y cada miembro de ella, para que sea quitada su ceguera espiritual y puedan caminar con Dios, que sus almas encuentren el perdón, que no les llegue la tentación, que todo espíritu de inmundicia que tenía maldita el linaje familiar sea expulsado y eliminado, que en mi familia no se aposente larvas oscuras espirituales, que en mi familia espíritus de discordia sean apartados, que desde hoy sean protegidos por tu escudo santo, que la salud siempre reine en sus cuerpos y el dinero sea fluyente, abundante y que se utilice de la mejor manera para el bien propio y de la misma humanidad, no permitas que las diferencias de pensamiento nos lleve a la discordia sino que el dialogo amoroso sea la mejor solución y unidos podamos lograr los objetivos en la familia según la voluntad de nuestro adorado creador. Leer el versículo génesis 28:14, Deuteronomio 6-6,7.

Oración para los esposos

Bendito san Agustín de erlandson te suplico que me des un abrazo fraterno, que siempre habites en mi matrimonio en mi unión sentimental junto con Dios porque aprendí que toda batalla luchada con Dios siempre sale victoriosa, que toda batalla espiritual en salud pero al igual económica la peleemos con Dios que sea el que dirija los hilos de nuestra unión que sea el quien diariamente siempre las semillas que darán buenos frutos basados en el amor, que nos apartemos de las tentaciones, de vicios mal sanos, de vicios que corrompen el espíritu que el irrespeto huya cada día de nosotros, no permitas amado san Agustín que terceros toquen nuestra puerta para destruir y no edificar, apártanos de la envidia del prójimo, de actos de brujería o armas que dañan el espíritu o corroen todas las bendiciones que Dios nos entregó, te pido que seamos un matrimonio lleno de salud, lleno de amor, lleno de prosperidad y abundancia, que ambos seamos manos que sostienen, hombros que consuelan, almas que se acompañan tanto en las guerras como en los momentos de felicidad, bendice nuestras mesas siempre, para que la prosperidad no se aparte y sea tan rebosante que podamos compartirla con nuestro prójimo, amado san Agustín te pido de rodillas que seas un escudo para nuestro matrimonio y podamos cumplir con el propósito que tiene Dios para nuestra existencia y el objetivo que tiene para nuestro matrimonio, ayúdame a entender su familia y el(ella) a la mía para que la armonía siempre perdure y pueda ser motivo de progreso para ambas partes en todas las áreas y que se conviertan en pilares fundamentales para nuestro acercamiento al creador. Leer versículo de la biblia mateo 19:4-6 , colosenses 3:18-19, y Eclesiastés 4 , 12

Oración de los padres a sus hijos

Amado san Agustín de erlandson, gracias por apadrinar mi vida, por estar en las buenas y en las malas, por recordarme la existencia del creador, hoy vengo a ti a decirte que me ayudes hacer buen padre(madre), que siempre exista en mi la sabiduría para poderlos guiar por el camino del bien, sé que con tu presencia se marchara de su lado las malas costumbres, las malas acciones o las malas prácticas, amado san Agustín te pido de todo corazón que mis hijos encuentren su propósito en la existencia basados en la misión que el creador tiene para ellos, amado san Agustín de erlandson líbralos de todo mal y peligro, que en su corazón siempre anide la gracia del espíritu santo, te suplico que nunca tengan muros que obstaculicen su crecimiento espiritual y su armonía con Dios, que enfermedad alguna no toque su cuerpo, que sus manos siempre estén bendecidas para que no sean visitados por espíritus de ruina o escases, dame la paciencia junto con entendimiento para superar las diferencias de pensamiento y siempre coloca en mi palabras sabias para ser un buen faro que los guía para que toquen siempre las puertas que los llevan al progreso y al éxito. Dos credos.

Oración de los hijos a sus padres

Amado san Agustín de erlandson gracias por ayudarme a limpiar mi corazón y permitir que en él se aposente el espíritu santo obrando en mí, convirtiéndome en un instrumento de Dios el cual ayuda al prójimo que más lo necesite, gracias amado san Agustín por ayudarme día tras día a auto perdonarme a perdonar a los demás y recibir la misericordia del creador, amado san Agustín de erlandson te suplico que nunca dejes que las espinas que se me presentan día tras día a causa del mundo actual me hagan renegar o perder mi fe y creencia en Dios, amado san Agustín de erlandson te pido por mis padres para que siempre sus caminos tengan tu luz, si transitan en caminos de tinieblas seas el faro que los guía hacia el territorio de la verdad, hacia el territorio donde se encuentre el creador, hacia el norte que los salve y se conviertan en dignos del altísimo, nunca dejes que las indiferencias dañen nuestra relación, que al contrario el amor de hijo se fortalezca y sea un simiente fuerte para soportar cualquier obstáculo, cualquier problema, ayúdame a cumplir el mandamiento de honrar a padre y madre cada día a seguir sus buenos ejemplos, a recompensar sus sacrificios y apártame de acciones que generen vergüenza o desilusión, amado Dios gracias por permitir que conozca la historia de tu adorado hijo san Agustín de erlandson, gracias amado san Agustín por vigilar mis camino y los de mis padres, no permitas que en sus puertas lleguen la ruina o las enfermedades, amado san Agustín de erlandson visita siempre el hogar y llénalo de luz, que tu sola presencia expulse todo ente maligno que quiera destruir la relación íntima, amorosa y edificante que tienen mis padres contigo amen dos salve reina y madre de misericordia.

Oración con los hermanos

Amado san Agustín de erlandson, nunca me cansare de darte gracias por llenarme de valentía cada día, gracias por que junto al espíritu santo me ayudas a librar batallas espirituales y afrontar la vida, amado san Agustín de erlandson, te pido por mis hermanos para que también tu corazón los apadrine y les ayude a avanzar en espíritu, siempre y cuando sea encaminado hacia el padre celestial, amado san Agustín de erlandson que no exista discordia entre nosotros, que no exista entre nosotros envidia sino admiración del uno con el otro, amado san Agustín te pido hermano, amigo mío que protejas su corazón de la oscuridad y su cuerpo de todo mal y peligro, que mis manos los ayuden en momentos de problemas que mi hombro sea consuelo y un sostén si tropiezan, ayúdanos a avanzar como familia y lograr los objetivos que tiene el creado para nuestros lazos de sangre te pido que junto a mis hermanos podamos recompensar a nuestros padres, por el sacrificio dado, te pido amado san Agustín de erlandson que nunca dejes caer en la oscuridad a mis hermanitos, que al contrario todo a su alrededor sea sanidad, progreso, éxito en todo lo que emprendan y que mis palabras hacia ellos sean de edificación mas no de destrucción. Dos credos.

Oración de los abuelos

Amado san Agustín de erlandson, gracias por tu amistad, por llevarme de la mano hacia el progreso espiritual, por ayudarme a cumplir a la perfección la tarea que tiene el creador para mi existencia, te pido, te suplico amado san Agustín que las edades de plata de mis abuelos siempre estén llenas de cariño, fraternidad, seguridad, refugio, que todos nosotros los recompensemos por todos los sacrificios dados, que nunca los abandonemos , dales lucidez para aprovechar sus sabios concejos, no permitas que quebrante su salud para poder absorber su sabiduría, amigo mío no dejes que sus años de plata sean transitados por los caminos inciertos que sean pilares fuertes en todas las áreas, que puedan ver los frutos de sus hijos y de sus nietos, nunca dejes que las diferencias de edades nos lleven a la indiferencia o al irrespeto, te pido que cada día se refugien en el creador. Amen dos padres nuestros.

Oración para los nietos

Amada san Agustín de erlandson gracias por habitar en mi corazón, gracias por estar en mi vida y guiar a mi familia, por llenar los días de paz y por llevarme por el camino correcto, por sanar junto con el espíritu santo las heridas del pasado, cuidando mi presente para un futuro lleno de alegría real al lado del padre celestial, te suplico de todo corazón amado santo que sean tus ojos santos los cuales bendigan a mis nietos para que todo acto o toda acción que realicen en sus vidas sean encaminadas hacia la voluntad del altísimo que en todo lo relacionado con sus vidas este la mano del todopoderoso, que sus acciones sean para agradarle y que día a día luchen por el progreso y el esfuerzo de nuestro familia, acompaña a sus ángeles para que no se pierda por el camino, acompáñalo para que no caiga en tentaciones, te suplico que los apadrines y puedan ser protegidos ante todo mal y peligro, ante todo ataque espiritual, amado san Agustín te pido que cuides su economía, su salud, nuestra relación de abuelos a nietos, que siempre mi voz entone palabras de sabios concejos en situaciones de problemas o ansiedad. Aclamado santo te suplico que nunca sea quebrantada nuestra relación que al contrario día tras día sea fortalecida que a pesar de mi edad pueda aportarles grandes cosas para su futuro amen dos credos.

Oración para los tíos

Bendito y amado san Agustín de erlandson gracias amigo por enviar tus rayos de luz sobre mi familia, gracias amigo por ayudar a mi mente a discernir buenos y sabios concejos, hoy ante ti vengo con mi corazón lleno de humildad y enamorado de Dios a suplicarte por mis tíos para que ellos siempre transiten por el camino del bien, para que siempre estén alineados con Dios, permite que encuentren el perdón de sus culpas pasadas y puedan vigilar su presente, para ser dignos del creador no solo en el futuro sino cuando sean llamados a su abrigo, amado san Agustín te suplico que nunca les falte su salud, que no se quebrante su economía, que siempre el amor los rodee, que el respecto entre nosotros y la cordialidad con cariño nunca nos abandonen, que las diferencias se resuelvan basados en las leyes de Dios y siempre en el camino podamos ayudar al avance familiar en todas las areas de la existencia. Dos padres nuestros

Oracion para los primos

Amado san Agustín santo que guio a noruega por el camino del creador, que a pesar de las adversidades logro encaminar almas que estaban sumidas en el error del paganismo, y pudo rescatarlas y salvarlas, gracias por ser escudo protector con mi familia protegiéndola de todo mal y peligro físico y espiritual, vengo agradecido contigo porque intercedes ante el creador para que su misericordia no se aparte de mi , gracias amigo, te pido si es tu voluntad que tu luz santa se derrame sobre mis primos para que siempre tengan limpio su corazón y en ellos habite el altísimo, te suplico amado san Agustín que nunca dejes que se coloque muros imposibles de escalar en sus vidas, que dia tras dia acreciente su fe en Dios asi como lo haces conmigo, bendice sus mesas, su salud, sus relaciones sentimentales, que siempre encuentre en mis manos apoyo, comprensión, en los momentos en que las tormentas los rodeen permite que siempre en sus caminos encuentren bendicion, limpialos de toda aura aposentada por el enemigo del bien, amado san Agustín de erlandson guíalos para que siempre busquen el amor de Dios y puedan al igual que tu profesarlo a quienes estén en la oscuridad. Dos credos.

Oracion para las nueras

Amado san Agustín, amado amigo, amado hermano, gracia por tu compañía y deseo conocerte en la eternidad cuando sea llamado al abrigo del creador de todo lo existente, te suplico por aquellas mujeres que mis hijos escogieron como esposas, para que toda decisión tomada sea basada en la voluntad divina, para que todo a su alrededor tenga éxito y prosperidad, que sean sabias para manejar los hilos de su relación, que sean sabias a la hora de enfrentar cualquier obstáculo y que sepan crear recuerdos gratos y gratificantes para el futuro, no dejes que la discordia toque sus corazones y que todo problema sea solucionado lejos de la ansiedad, el miedo o la incertidumbre, que comprendan que tomadas de la mano de Dios todo tiene solución, que entren en mi corazón como unas hijas más y puedan encontrar en mi un apoyo para avanzar en la vida, un apoyo para darles a conocer con inteligencia y con paciencia cualquier error o cualquier mentira que le trae felicidad temporal, gracias a la mentira del enemigo de la luz, amado san Agustín ve y visita su hogar formado y límpialo de toda oscuridad, de todo ente que incite al pecado o a la desdicha y trae contigo prosperidad, amor incondicional y paz en su corazón amen dos credos.

Oracion para los yernos

Amado san Agustín de erlandson, gracias por ser mi amigo, mi hermano, por acompañarme en los caminos inciertos y los caminos acertados, gracias por asegurar mi vida, por llevarla a la verdadera realidad que viene de nuestro creador, gracias por derribar las barreras que impiden que mis yernos reciban las bienaventuranzas que Dios tiene para ellos, que mi corazón, mi familia, mi hogar los resida como un miembro más, que el amor fraternal de hogar nunca nos abandone y que toda prueba podamos solucionarla de la mejor manera, amado san Agustín, intercede por ellos si tienen error pecaminoso, pero coloca en ellos la voluntad de no fallar, de no caer en el circulo de la mentira que trae el pecado, bendice sus manos para que el trabajo no falte nunca, dales salud, bienestar para que puedan lograr sacar a su familia adelante y que incluya en sus objetivos tambien crecer espiritualmente, no dejes que toda incomprensión o desespero por solucionar los obstaculos rompa la cordialidad amorosa y respetuosa que tenemos se derribe, que alcontratrio dia tras dia tengamos bases solidas basadas en la solidaridad, respecto la comprensión y la unión, que sean capaces de alinearnos familiarmente para lograr alcanzar los objetivos de nuestro amado núcleo llamado hogar, amigo guíalos para que no ofenda la dignidad de mis hijas, ni hiera sus corazones, rompe con toda cadena de vicios o malas costumbres y llévalos por el equilibrio, llévalos por el sendero correcto y edificante, si hay hijos dales sabiduria para que los puedan guiar por el camino correcto con buenas virtudes, pero que aquellas virtudes siempre estén basadas en nuestro dador de vida amen dos credos.

Oracion para los suegros

Bendito y amado san Agustín de erlandson, gracias por ser el santo de los extranjeros en noruega, gracias por ser ese pilar que nos consuela en la lucha por salir adelante, gracias por ayudarnos a conquistar nuestros sueños basados en el creador, gracias por ser luz en la oscuridad y ayudarnos a limpiar nuestros corazones de dolor, gracias por ayudarnos a limpiar nuestro cuerpo de todo pecado, gracias porque con tu ayuda le abrimos el corazón al espiritu santo y dia tras dia obra en nosotros haciéndonos dignos del altísimo, convirtiéndonos en instrumento como lo fuiste tu para lograr la salvación de la humanidad, te pido por mis suegros para que mi corazón los adopte como mis segundos padres, que siempre que me relacione con ellos aprenda cosas constructivas, cosas que alimentan el alma y hacen que madure mi personalidad, mis cualidades, que siempre al estar con ellos comprenda como corregir mis errores, amigo mío permite que el irespecto nunca nos rodee, que al contrario todo problema o todo inconveniente sea batallado en conjunto con la compañía de nuestro padre altísimo para el bien de toda la familia, te pido que sus hijos puedan retribuir sus sacrificios, que todo lo enseñado por ellos en el transcurso de sus vidas sea aplicado por mi pareja para que la familia llegue a buen puerto acompañada de nuestro amado creador amen dos salve reina y madre de misericordia.

Oraciones para los migrantes

Rogativa cuando desean planear el viaje

Bendito y amado san Agustín de erlandson, tu que migraste de tu país, por problemas políticos y aun asi en el extranjero predicaste la palabra del creador sin descanso y fuiste a pesar de tener tambien problemas ayudar a solucionar los del prójimo, siendo misionero de la verdad que hace libres a los humanos, hoy vengo ante ti a suplicarte que si es conveniente que marche lejos de mi hogar y de mi país sea por voluntad de Dios, que sea una misión donde pueda ayudar a otros a salir de la oscuridad, si Dios cree que prosperare en todos los ámbitos de mi vida, te suplico que abras el camino sin dificultad para partir a nuevas tierras, si es la voluntad de Dios de los santos y de los ángeles permite que mi decisión de partir de mi tierra y alejarme de cuerpo mas no de corazón de mi familia se lleve acabo sin dificultad y si hay piedras en el camino guíame para saber el porque y como debo solucionarlo, te suplico que me acompañes si decido partir y nunca dejes que en el trayecto o en mi aventura me aparte de mi creador el cual debo y quiero amar sobre todas las cosas tanto en mi tierra como en la extranjera. Dos credos

Oracion para los que están en el viaje hacia otro país

Gracias amado san Agustín de erlandson por acudir a mi llamado y apadrinar mi camino, gracias por ayudarme a limpiar mi corazón para que sea habitado por el altísimo y ser digno de él, gracias por cubrir a mi familia y protegerla ante todo mal y peligro y expulsar de su alrededor todo espiritu de maldad, de destrucción, gracias amado san Agustín por darme confianza plena en Dios, te pido amado san Agustín que todo papel, todo documento, todo tramite que tenga que realizar para poder emigrar para empezar una vida y una lucha nueva no tenga contratiempo y pueda irme para luchar para un mejor futuro para mi familia, que todo sea claro, transparente y legal y si por algun motivo es la voluntad de Dios que marche ilegal que sea protegido ante todo mal y peligro en el camino, que pueda arreglar mi legalidad rápido y sin contratiempos para ayudar a mi familia, ami país y al país que me esta dando la oportunidad de crecer económicamente, se que tomado de tu mano, nunca me olvidare de nutrir mi espiritualidad y de hacer lo correcto donde quiera que vaya, te suplico que todos los santos y ángeles que moran en mi nuevo país estén conmigo en todo momento y en todo lugar para que nunca me derribe económicamente ni espiritualmente que el nuevo país me abra las puertas sin contratiempo y que todas las personas con las cuales debo relacionarme me brinden sus manos de ayuda y que las mías junto a mi corazón sean correspondidas y agradecidas, sé que contigo estaré siempre en continuo crecimiento, sé que contigo y con Dios acompañándome podre lograr cualquier meta, cualquier objetivo siempre basado en la voluntad de Dios.

Dos santa maría

Oracion para los que acaban de llegar al país extranjero

Gracias amado san Agustín de erlandson por ayudarme a crecer espiritualmente y apartar de mi todo lo dañino todo lo negativo y todo lo maligno que me apartaba del creador y conducirme a una nueva vida, inclusive a un nuevo país a un nuevo destino el cual agradezco al dador de vida por esta nueva oportunidad, por darme el camino a logar mis objetivos y por este privilegio de luchar por el bienestar de mi amada familia se que contigo aunque este lejos de ellos me darás la herramienta necesaria para no dejar de aportarles todo aquello que hace crecer su alma y espiritu, gracias por traerme sano y salvo a este país, vengo lleno de sueños permite que se cumplan a cabalidad, abre las puertas de todo lo que me conviene y edifica y cierra aquellas que destruyen y empeoran mi existencia, rodéame de personas buenas, sanas, inteligentes, que transitan por los caminos de Dios, bloquéame aquellas que destruyen y siembran larvas de negativismo y mediocridad, acompáñame en las noches y en los días, protégeme de todo mal y peligro de todo ente demoniaca y de toda persona de mal corazón, si voy a transitar en la oscuridad que sea para dar luz y aportar crecimiento y liberación espiritual a mi prójimo amen. Dos padres nuestros

Oracion para que no falte el techo ni el abrigo

Amado san Agustín de erlandson, gracias porque eres el faro que me guía en la incertidumbre, eres la luz que me lleva hacia la verdad y permite que nunca se apague la llama de Dios en mi corazón, se que contigo nunca me faltara el techo, nunca me faltara el abrigo, llévame a aquellos techos que me abriguen como familia y pueda aportarles de Dios, donde me puedan aportar crecimiento espiritual, que el techo donde llegue siempre haya solidaridad, compromiso mutuo, ayuda mutua que sea reconfortarle, protector, seguro no solo para mi cuerpo sino tambien para mi alma, que en invierno tenga ropa de abrigo, que en verano tenga ropa para el clima, que nunca me vea carente de vestir, que no sea ostentoso sino necesario., que siempre encuentre personas que necesiten de mis cualidades laborales sin aprovecharse de mis necesidades, ayúdame que al partir de mi país deje atrás mis pecados y en el nuevo me llene de mas cualidades y virtudes agradables al creador para que pueda recibir su bendicion su gracia la cual llega con prosperidad constante e infinita no solo económica sino espiritual amen. Dos credos.

Oracion para que siempre exista alimentación y bienestar

Gracias amado creador por colocar en mi camino a tu siervo san Agustín de erlandson, por habitar en mi corazón junto con el espiritu santo y ayudarme a crecer en alma, gracia por llenar mi existencia de prosperidad enviada por el creador y desbloquear todo lo que estancaba las bendiciones, gracias amado san Agustín de erlandson por ayudarme a moldear en mi presente la llave para obtener una vida eterna al lado del creador, te suplico que todo alimento que llegue a mi mano sea fruto de mi honroso trabajo, que las mesas donde me siente nunca falte el sustento diario, que nunca exista carencia que al contrario honestamente crezca y sea fluido que pueda ayudar al prójimo y todo aquel que al igual que yo sale de su país para luchar por un mejor mañana, te pido que todo alimento que llegue a mi organismo sea para beneficiar mi salud para tener el vigor en mi vida para luchar por mis ideales, que nunca sienta discriminación o rechazo a donde vaya por mi nacionalidad que alcontratrio todo aquel que me rodee me ayude y pueda aportarle grandes cosas y grandes conocimientos, no dejes que caiga en el circulo de arrebatarle nada a nadie, ni de sobrepasarme con mi prójimo por mi bienestar o que mi cuerpo por necesitad manipule, explote o utilice a personas de mal corazón, que alcontratrio mi arduo trabajo me lleve a mi bienestar alimenticio y sin carencia diaria, te pido amado amigo que siempre estén abiertos los caminos al progreso económico, al progreso de bienestar en vivienda en servicio de salud y alimenticio y pueda tambien ayudar a la familia que espera de mi en el país que deje atrás que tanto extraño ayúdame a comprender que con cristo amado todo y sin el nada soy y sin el nada merezco, no permitas que comentarios mal intencionados o mal interpretados de terceros bajen mi estado de ánimo que al contrario que sean motivo de incrementar mi lucha hacia el bienestar mío y el de los seres que amo amen dos credos.

Oracion para bendecir el dinero

Luz santa, luz emanada por el creador, gracias por despejar mis caminos y llevarme a transitar por el camino correcto, justo y edificante, gracias amado santo por permitir que lleguen hacia mi bendiciones por parte de mi amado creador, gracias por ayudarme a conservar mi vida espiritual, vengo a ti para que bendigas el dinero ganado honrosamente, para que el siempre fluya se multiplique y crezca enormemente, para que el dinero que gaste regrese a mi multiplicado porque soy hijo de Dios y vivo bajo tu amparo y protección, no permitas que lo mal derroche al contrario permite que lo acreciente honrosamente y honestamente, con laboriosidad y disciplina, protégelo para que no caiga en manos de los amigos de lo ajeno que al contrario existan a mi alrededor personas que lo ayuden a multiplicarse y pueda ayudar con el a mi familia, amigos y todo aquel que dios envié a mi lado que necesite ayuda sin pedirla, no permitas que al tener dinero me llene de egos, de vanidad, de altruismo, que al contrario encuentre más sabiduria y mi faceta dadivosa se conserve amado san Agustín de erlandson te pido de rodillas que nunca dejes que mis sueños se frustren y que los pueda cumplir sabiamente, alejarme de deudas, de espiritus de ruina y escases no permitas que se aposenten a mi alrededor, que al contrario que llegue a mi bendicion y hazme digno de recibirlas de las manos del altísimo amen. Dos padres nuestros.

Oracion para el trabajo

Amado amigo, amado santo, gracias por refugiarme en tu corazón y rodear mi vida de tu santa luz, para encontrar la paz y la sanidad de mi alma, encontrando perdón de Dios y auto perdón a mí mismo, gracias amado santo porque transito contigo y siempre me acompañas ante toda batalla espiritual, te pido que nunca me falte el trabajo, que nunca me falte el medio por el cual gano el dinero para suplir mis necesitades y ayudar a las personas que me rodean y que habitan desde siempre en mi corazón, gracias amado san Agustín de erlandson por ayudarme a descubrir mis virtudes espirituales y laborales, que siempre donde vaya a laborar exista armonía, compromiso, dedicación, que todo trabajo lo haga con dedicación y quede bien hecho para satisfacción mia y de mis clientes, nunca dejes que caiga en la mediocridad, en la ruina de virtudes mentales, no dejes que el pecado de la pereza toque mi puerta, no dejes que exprima económicamente a terceros que al contrario que todo aquel que se me acerque tome mi ejemplo de lucha y perseverancia ante la vida espiritual y laboral, ayúdame a construir fuertes amistades donde trabaje y que pueda ayudar cuando lo necesiten y pueda encontrar manos amigas cuando las tormentas quieran opacar el sol que Dios ilumina en todas las areas de mi existencia amen. Dos credos

Oracion para la salud

Amado san Agustín de erlandson dile al altísimo que gracias por la salud que me a otorgado ayúdame a conservarla con buenas costumbres, con buena alimentación, con ejercicio, ayúdame a que mi vigor crezca cada dia y pueda llevar una vida saludable, si hay enfermedad en mi sana cada célula cada órgano de mi cuerpo, restablécelo para que tenga el vigor suficiente para librar cualquier batalla que se me presente en el camino tanto física como espiritual, líbrame de armas blancas o de fuego líbrame de accidentes y de enfermedades crónicas o penosas, nunca dejes que me vulva esclavo de vicios y si debo consumir medicamentos bendícelos para que hagan efecto y pueda regresar la salud a mi organismo, bendito santo guía a los médicos si necesito de su servicio, permite que toda cirugía sea un éxito y pueda salir a conseguir honrosamente mi sustento y poder ayudar a mi familia, amado santo no dejes que quebranto alguno atrase el cumplir con mis objetivos amado santo no dejes que virus alguno o saeta de peste toque mi morada, amado san Agustín de erlandson se mi enfermero corporal asi como fuiste y eres el medico sanador de mi espiritu amen dos credos.

Oracion por todos los enfermos que son extranjeros

Amado san Agustín, amado santo de noruega gracias por cruzarte en mi camino y llevarme por el camino que conduce al creador, restableciendo mi vida, mi alma, mi cuerpo y mi espiritu haciéndome merecedor de las bienaventuranzas que Dios tiene para mí, gracias por todas las bendiciones que recibo dia tras dia, te pido de corazón por todo aquel que esta enfermo, por todo aquel que esta a la espera de una cirugía aquel que tiene un familiar enfermo cerca o lejos de sus brazos que todo salga según lo planeado y con éxito alguno, que la recuperación sea oportuna y puedan aprender de la experiencia vivida tras el quebranto de salud, consuela a todo familiar que está en incertidumbre y llévalos a entender que si colocamos la confianza plena en Dios nunca fallaremos, te suplico que tu mano consoladora este con ellos y que el mayor refugio sea nuestro padre amado. Leer el salmo 91

Oracion para los familiares que se quedan en sus países de origen y su familiar se convierte en extranjero.

Gracias amigo, gracias por darme fuerza, por apoyarme cada dia, cada minuto, por ayudarme a salir adelante y emprender una nueva vida en otras tierras se que el corazón de mis familiares queda triste pero sé que tu compañía y la del creador los consolara que mi inteligencia los guiara asi sea de lejos hacia las soluciones familiares, que dia tras dia crezca el amor y las ganas del reencuentro que mi partida no sea en vano y regrese con los objetivos cumplidos, cuida por mi su salud, su dinero, su alma y espiritu, no los abandones en las batallas al contrario hazlos cada dia mas fuertes y llenos de coraje, se que tu amado santo no dejaras que el cariño, el amor, se desvanezca con la lejanía ni el tiempo, amado san Agustín de erlandson no dejes que nunca nuestra fraternidad familiar se rompa o se descomponga por mal entendidos o por maneras de pensar distintas, que si algo queda pendiente entre nosotros quede saldado o se pueda arreglar aun en la lejanía, ayúdame para poderlos ayudar económicamente y que mis ayudas no sean desperdiciadas en superficialidad que enriquece el pecado del ego y la vanidad, te pido que tu luz siempre acompañe mi núcleo familiar hoy, mañana y siempre. Dos padres nuestros.

Oracion de los familiares al miembro que se va de viaje para luchar por sus ideales o metas

Querido amigo san Agustín de erlandson vengo a ti agradecido porque tu luz ilumina mi familia, mis caminos y cada paso que doy en el transitar de este plano terrenal, deseo que siempre tu luz santa me guie y me ilumine en la oscuridad y sea tu mano aquella que me ayuda a batallar cualquier inconveniente en el camino a estar acompañado en cualquier batalla, amigo mio te suplico por mi familiar que acaba de partir a otro país, para que seas tu el que le abre las puertas donde para el llegue el progreso, donde pueda cumplir con sus metas e ideales, proteje sus caminos ante todo peligro corporal, material o espiritual, no dejes que su salud se vea afectada ni encuentre rechazo alguno de las personas que lo rodean, que siempre a donde vaya sea bien recibido, bien atendido y que el comprenda que hay obligaciones como derechos, no permitas que personas de malas costumbres lo desvíen por el camino del bien, al contrario fortalece su espiritu su salud, su economía, no dejes que carezca de techo, de trabajo, de alimentación, que nunca sienta la soledad espiritual y que pueda formar amigos y vínculos que perduren y que sean inquebrantables no dejes que caiga en actos de delincuencia, que al contrario que sean útiles a la sociedad en la que se van a involucrar al igual que al país donde van a habitar, no dejes que nunca pierdan la fe y la esperanza de alcanzar sus sueños, te suplicio que nuestro vinculo familiar nunca se aparte, que al contrario la seamos más unidos y podamos tener planes para realizar los objetivos familiares amen dos credos.

Oracion de protección para el extranjero

Bendito y amado santo, te mereces el respeto y admiración de tu pueblo y te suplico que asi como reinas junto al creador en sus corazones lo hagas en mi alma y siempre exista luz a mi alrededor te pido con humildad que siempre me ayudes, que nunca me abandones, protégeme en el dia, protégeme en la noche, protégeme al salir de mi país, pero tambien en la nueva tierra al salir de casa y al entrar, protégeme de las tentaciones del demonio, de las tentaciones que me colocaran en bandeja de plata por personas manipuladas por el rey del mal, ayúdame a encontrar personas sabias, personas honestas, personas responsables, personas que aporten a mis objetivos y no me aparten de ellos, que siempre a mi alrededor haya abundancia, prosperidad comodidad, pero lograda por el sudor de mi frente, y enviada por el altísimo, pero siempre permite que sea digno de recibir bendicion enviada por al corte divina, no apartes tus ojos de mi vida de mis días, de mis objetivos celebra conmigo los logros pero consuélame y aparta de mi todo sentimiento negativo que me desvía del amor de cristo amen dos credos.

Oracion para superar la ansiedad cuando estamos en otro país

Amado santo, gracias por darle luz a mi vida ayudándome a reconstruirla y hacerme fuerte en la lucha del dia a dia por lograr no denigrar mi alma, mi cuerpo, gracias por ayudarme a vigilar dia tras dia mis pensamientos para ser digno del amado padre celestial, se que contigo toda ansiedad por el futuro se apartara y regresara la seguridad que solo el creador puede entregar porque si estoy bajo su abrigo no tengo porque dudar del bienestar del mañana, ni cuestionar las bienaventuranzas que solo el puede entregar , se que Dios y tu me ayudaran en los problemas, en la escases, en los peligros y se apartaran de mi toda duda porque solo Dios puede potenciar mis cualidades para poder prosperar y siempre llegaran a mi lado ángeles humanos dispuesto a ayudarme y siempre encontrare personas a las cuales les daré concejos de como superar sus pruebas del alma y de la vida misma, te suplico que nunca dejes que la ansiedad reine en mi corazón y que al contrario llegue la paz y la tranquilidad enviada por Dios y no la felicidad y paz engañosa que en cualquier momento se derrumba porque sus simientes no son construidos por el amor de Dios amen dos salve reina y madre de misericordia.

Oracion para superar la tristeza

Amado santo, amado san Agustín, gracias mil gracias por ser aquella luz con Dios en mi camino y guiarme para no perder mi alma y acrecentar dia tras dia mi vida espiritual, no permitas que se inunde mis sentimientos de tristeza de incertidumbre desolación, que encuentre siempre compañía constructiva, de aquellas que aportan a mi vida a mis sentimientos, te pido que siempre encuentre alegría en el refugio de mi padre celestial y me reconforte con su compañía que el sea aquel que le entrega sentido a mi vida, que él sea el guía, el protector aquel que me hace caminar confiado que mi presente es mejor y mi futuro será grandioso se que contigo dia tras dia construiré recuerdos gratos y edificantes para recordar el dia de mañana con cariño, te suplico que los problemas del presente no me roben la alegría ni la confianza ni la seguridad que el creador me ha entregado por estar bajo su protección y refugio, te suplico amado santo amado que nunca apartes de mi tu luz y inmenso amor, bendice todo lo bueno que llega a mi vida y aparta de mi todo aquellos que quiere destruir los cimientes que he construido con el padre celestial amen dos padres nuestros.

Oracion para los casos difíciles

Bendito san Agustín de erlandson gracias por interceder por mi ante el creador y apadrinar mi vida, proteger mis caminos y llenarme de bendiciones dia tras dia, gracias amado santo por susúrrame sabiduria para poder solucionar inteligentemente mis problemas, hoy vengo de rodillas suplicante para que me ayudes en esta experiencia incomoda por la cual estoy atravesando ayúdame en este problema(decir tu problema) o envíeme a la persona que me ayudara a solucionarlo o llévame al lugar donde encuentre solución no me abandones en este problema, confiado estoy que encontrare solución a este inconveniente, no permitas que no pierda mi confianza, mi esperanza, mi seguridad en Dios, puesto que el todo lo puede y con el todo se puede solucionar, dame la tranquilidad puesto que mis batallas siempre se las encomiendo a Dios y a ti que son los intachables valiente y siempre triunfadores porque son dueños de la verdad y Dios es el dueño del universo y nada se mueve sin su voluntad amen dos padres nuestros.